Thank you!

Someone loves you very much.

오늘 그대가
하나님의
최고입니다

KB192368

to.

from.

오늘 그대가
하나님의 최고입니다

지은이 임은미
펴낸이 김명식
펴낸곳 (주)넥서스

초판 1쇄 발행 2015년 1월   5일
초판 2쇄 발행 2015년 1월   10일

출판신고 1992년 4월 3일 제311-2002-2호
121-893 서울시 마포구 양화로8길 24
Tel (02)330-5500 Fax (02)330-5555

ISBN 979-11-5759-215-6   03230

www.nexusbook.com
지혜의샘은 (주)넥서스의 기독 단행 브랜드입니다.

임은미 목사의 위로가 되고, 기쁨이 되고, 축복이 되는 묵상집

오늘 그대가

하나님의
최고입니다

임은미 지음

지혜의샘

추 천 사

임은미 목사, 임은미 선교사는 '별 그대'입니다.
별난 여인, 별난 하나님의 사람이십니다.
별 같은 반짝임으로 우리 모두의 잠을 깨우는 여인입니다.
그녀의 별난 묵상, 어쩐지 기대되지 않으십니까?

묵상의 글은 길 수도 짧을 수도 있습니다.
중요한 것은 반짝이는 순간의 빛줄기로 다가옴입니다.
이 글에는 그런 빛의 터치가 살아 움직이고 있습니다.
어둠속을 곤고하게 헤매는 영혼들의 등불이 될 것입니다.
어린 왕자의 지구 별 모험이 많은 감동을 주었지만
우리 시대에는 새로운 모험을 필요로 하고 있습니다.
이제 우리는 더 넓혀진 우주 여행을 시작해야 합니다.
이 여행을 위해 이 책은 '별 그대'의 잠언이 될 것입니다.

임은미와 함께하는 별 자리 여행에 여러분을 초대합니다.
삶이 지루하고 권태로운 모든 분에게 이 책을 추천합니다.
젊은이는 환상을 보고, 늙은이는 새 꿈을 꿀 것입니다.
아프리카를 거쳐 별에서 가공된 이 일용할 양식을 강추합니다.

할렐루야! 함께 별 그대의 친구된,
_이동원(지구촌 교회 원로목사, 국제 코스타 이사장)

하나님이 최고이시기에 우리도 최고입니다. 왜냐하면 우리 안에 하나님의 본체이신 예수 그리스도가 살아 계시기 때문입니다. 나의 어떠함으로 살아내는 인생이 아닌 내 안에 계신 예수로 인해 살아내는 인생은 하나님의 영광을 위하여 언제나 최고의 인생으로 이끌어 주실 것입니다. 사망이나 생명, 환난이나 핍박, 곤고나 아무 것으로라도 우리를 예수 그리스도의 사랑에서 끊을 수 없기 때문입니다. 이 책을 통해 이런 최고의 인생의 비결을 알 수 있으리라 확신합니다.

_이석(CAM 대학선교회 간사)

'주님을 묵상함이 즐겁도다!' 하는 나의 고백은 성경에 쓰인 나를 향한 하나님의 사랑과 그 기쁘시고 온전하신 뜻으로 인함입니다. 이 책이 매일, 매 순간 우리를 말씀 묵상으로 인도하여 성령님과 교제할 때 얻는 기쁨을 누리도록 도와줄 것이라 확신합니다.

_이자영(CAM 대학선교회 간사)

이 책을 읽고, 최고이신 하나님이 우리를 어찌 생각하시는지 깨닫게 되기를 간절히 바라고 소망합니다. 또한 주변에 있는 여러 지체들에게 하나님께서 그들을 어떻게 바라보고 계신지를 전할 수 있게 되기를 바라봅니다. 책을 읽고 나면 스스로에게 엄지를 세워 주고, 또 누군가에게 권하면서 엄지를 세워 주는 축복의 통로, 오늘 그대가 하나님의 최고입니다.

_박민규(CAM 대학선교회 간사)

그리스도인의 삶은 때로는 고단하기도 합니다. 그것은 우리의 신앙을 삶으로 살아내야 하기 때문일 것입니다. 묵상은 이런 삶 가운데 있는 우리와 하나님과의 소통입니다. 따라서 묵상 속엔 하나님 백성의 삶이 녹아 있습니다. 가정, 학교, 직장! 하나님과의 소통이 사라진 이 시대에 임은미 목사님의 매일의 묵상을 정리한 이 책이 귀한 이유입니다. 이 책을 통해 힘든 세대를 살아가는 하나님의 백성이 하나님께 얼마나 존귀한 존재인지 깨닫게 되기를 소망합니다. 오늘 그대가 하나님의 최고입니다.

_김연수(CAM 대학선교회 간사)

두 음정이 함께 울리면 화음이 되듯, 임은미 목사님의 묵상은 말씀과 삶을 한꺼번에 울린다. 화음이 음정 사이의 간격을 메우듯이, 임은미 목사님의 묵상은 말씀과 삶의 틈을 메어 준다. 말씀이 삶이 되는 삶. 이는 언제나 최고의 삶이라 고백할 수 있지 않을까? 매일의 일상적인 삶 속에서 하나님과의 아름다운 하모니를 원한다면 주저 없이 이 책을 읽으라고 권하고 싶다.

_백승천(CAM 대학선교회 간사)

책은 마음의 양식이라는 말이 있습니다.《오늘 그대가 하나님의 최고입니다》를 통하여 마음의 양식을 얻는 것뿐만 아니라 생명의 양식인 성경책을 더욱 가까이하고 매일 묵상을 하는 것이 얼마나 소중한 것인지 알게 되고 날마다 주님과 동행하는 여러분 되시길 바랍니다.

_예현기(CAM 대학선교회 간사)

하나님께서이 원하시는 것, 그것은 당신과 동행하는 것입니다. 하나님과 동행하는 삶을 살기를 원하지만, 막연하게 느끼는 당신께 이 책을 추천합니다. 말씀하시는 하나님의 역사하심을 경험하는 동행의 삶, 당신도 시작할 수 있습니다.

_이광윤(CAM 대학선교회 간사)

머 리 말

몇 해 전 이스라엘을 가게 될 일이 있었다. 예수님이 태어난 나라에 내가 간다고 생각하니 마음이 흥분되었다. 마치 오랫동안 펜팔로 교제하던 연인을 실제로 얼굴과 얼굴을 맞대며 이야기할 시간을 기다리는 그런 마음? 무엇인가 좀 특별하게 예수님과 예수님이 태어난 나라에서 만날 그 시간을 준비하고 싶은 마음이 있었다. 그래서 결심을 한 가지 했다.

"2주 동안 하루에 7시간씩 기도를 해야지! 주님과 미리(?) 기도로 진하게 데이트를 해 놓고, 주님을 직접(?) 만나는 거야!"

그러고 난 다음 나는 결심을 행동으로 옮겼다. 2주 동안 매일 7시간씩 기도를 했다. 나는 보통 새벽 4시에 일어난다. 일어나서 무릎을 꿇고 성경 한 장을 읽는다. 큐티의 시작을 그렇게 한다. 한 장을 주욱 읽고 난 다음 마음에 와 닿는 성경 구절에 대한 생각을 글로 옮겨 적는다. 그렇게 묵상을 하면 마칠 때까지 약 2시간이 걸린다.

나는 묵상을 글로 쓰는 습관을 여고 시절부터 시작했는데, 하루도 빠지지 않고 일관성 있게 한 것은 약 19년이 된 것 같다. 나는 지난 21년 동안 케냐의 선교사로 있었는데, 그곳에서 개척한 교회의 새벽예배가 아침 6시에 시작해서 보통 7시면 끝났다. 새벽예배를 마친 후 7시부터 12시까지 5시간 그리고 잠자기 전(잠은 보통 12시에 잔다) 아무 때나 2시간을 더 해서 하루에 7시간 기도를 해 보았다. 2주 동안 그 시간을 가져 보았는데, 처음에는 7시간 기도가 힘들거라 생각했다. 하지만 그렇지 않았다. 어떤 때는 기도하다 보니 7시간을 쉽게 넘기기도 했다.

그 기도하는 시간에 두 가지를 배웠다. 첫 번째, 주님이 정말 나를 사랑하신다는 것이다. 사람과 사람이 마주 앉아 7시간을 이야기한다면, 한 사람이 계속 이야기를 할 때 상대편이 그 사람의 말에 귀를 기울이며 7시간 내내 들어 주는 일이 쉬운 일일까? 사랑하지 않으면 이 일은 절대 쉬운 일이 아니라고 생각한다. 물론 내가 기도를 하루에 7시간이나 한다는 것이 주님 눈에 기특(?)할 수도 있지만, 주님이 내가 하는 이야기를 7시간 내내 "그래그래! 그럼그럼! 그렇고말고! 오, 그랬니?" 하시며 들어 주신다는 그 자체에 나는 감동이 되었다.

"우와! 주님, 정말 나를 사랑하시는구나!"

두 번째, 내가 하루에 7시간 기도를 작정하고, 다른 할 일들을 해 가면서 그만큼의 시간을 기도 시간으로 구별하려니 사람들과의 교제가 절제(?)될 수밖에 없었다. 특별히 누가 나에게 '다

른 사람들에 대한 비판'을 하려고 이야기를 시작하면? 나는 곧
장 "오! 우리 다음에 만나서 이야기할 수 있을까요? 제가 다른
급한 일이 좀 있어서요!"라고 말을 한다.

나에게 급한 일은 다른 일이 아니었다. 기도 시간 7시간 채우는
것이 그날의 가장 급한 일이었던 것이다. 그러니 당연히 기도할
시간에 대한 책임감으로 쓸데없이 시간 보내는 것에 저절로 인
색한 사람이 된 것이다. 그래서 그때 배우게 되었다. "아! 기도
하면 남의 이야기을 하면서 시간을 보낼 수 없구나! 기도하면
걱정할 시간도 없구나! 걱정한다는 것은 기도하지 않으니까 시
간이 남아돌아서 그러는 것이구나!"

그렇게 2주 동안 하루 7시간 기도했던 그 시간은 지금도 내가
돌아보면 주님과 아주 친밀했던 시간의 추억이 아닐 수 없다.

《오늘 그대가 하나님의 최고입니다》이 책은 내가 매일같이 묵
상하는 긴 글을 아주 짧게 요약한 글들 중 발췌한 글이다. 내가
워낙 묵상을 길게 쓰기 때문에 내 긴 글의 묵상을 읽기 부담(?)
스러운 사람들을 위해 짧게 묵상을 요약했는데, 요즘 이 글을
카톡으로 받는 사람이 많다. 예수님을 믿다 보면 날이 가면 갈
수록 더욱더 '나눔의 기쁨'을 누리고 싶어지는 것 같다. 그것은
재정뿐 아니라 나와 하나님의 관계에 대한 나눔도 마찬가지인
것 같다. 이 책을 읽는 모든 사람이 하나님과 아주 '친밀한 사이'

가 되었으면 하는 것이 내 마음 깊은 곳의 바람이다. 하나님께 "주님밖에 없어요!"라는 고백을 드리면 주님은 "나에게도 너밖에 없다!"라는 말씀을 들려주시는 것 같다. 그러나 주님에게 나밖에 없을 리가 있겠는가! 하나님을 사랑하는 사람들이 나 외에도 이 땅에 참으로 많다. 우리 모두 더욱더 주님 사랑하는 '사랑의 경주'에서 함께하는 '하나님의 최고의 그대'들이 되기 원한다.

이 책의 교정을 위해 아낌없이 시간을 내서 수고해 준 박수진 집사님과 강혜련 나의 멘티에게 그리고 지혜의샘 출판사의 정효진 과장님을 포함한 모든 편집위원에게 진심으로 감사의 말씀을 드린다.

임은미 목사

여호와여 내가 매일 주를 부르며
주를 향하여 나의 두 손을 들었나이다

_시편 88:9

세상을 살다 보면
삶의 희비가 엇갈리는 일이 많습니다.
웃어야 할지 울어야 할지
혼동되는 순간들이 있습니다.

모든 상황에서 우리를 넉넉히 이기게 하는 비결은
바로 하나님께서 우리를 사랑하고 계시다는 것을
믿는 것입니다.

그대를 향한 하나님의 사랑은 변하지 않으십니다.
그대를 향한 하나님의 계획은 끝까지 선하십니다.
그대를 누구보다 더 잘 알고 계시는 하나님은
그대가 혼란스러워 하는 상황에 처해 있을지라도
질서 있게 하나님의 방법으로
하나님의 시간에 따라 그대를 인도하고 계십니다.

그러나 이 모든 일에 우리를 사랑하시는 이로 말미암아
우리가 넉넉히 이기느니라
_롬 8:37

하나님께 '이 사람의 마음을 바꾸어 주세요.'라고
기도할 때가 있습니다.

그 사람의 마음이 왜 바뀌어야 할까요?
그 사람의 마음이 바뀌는 것과
하나님의 뜻이 이루어지는 것 사이에는
어떤 관계가 있을까요?

그대의 편안함과 명예, 이기심, 즉
그대의 뜻이 이루어지기를 원하는 마음 때문에
사람의 마음을 바꾸어 달라는 기도를 드리고 있는지요?

나의 뜻이 이루어지기 위함이 아닌
하나님의 뜻이 이루어지기 위해
누군가의 마음을 바꾸어 달라고 기도해야 합니다.

하나님께서 나의 필요를 위해
존재하셔야 하는 것보다는

나는 하나님의 뜻을 이루어 드리기 위해
이 땅에 존재하고 있다는
거룩한 의식이 필요합니다.

우리가 그를 힘입어 살며 기동하며 존재하느니라
너희 시인 중 어떤 사람들의 말과 같이 우리가 그의 소생이라 하니
_행 17:28

우리의 삶에 어려움이 있을 때

단 두 명이 모여 기도할지라도

합심하여 부르짖을 때

하나님은 놀라운 방법으로

우리의 기도에 응답하십니다.

그만큼 '함께 마음을 모아' 기도하는 것에는

힘이 있다는 것입니다.

진실로 다시 너희에게 이르노니
너희 중의 두 사람이 땅에서 합심하여 무엇이든지 구하면
하늘에 계신 내 아버지께서
그들을 위하여 이루게 하시리라

_마 18:19

우리는 회개의 열매에 대한 중요성을 이야기하지만
하나님께서는 그 회개의 열매가 맺히기도 전에
우리가 마음에 회개의 결심을 하는 것만으로도
우리의 죄를 용서해 주시기 원하십니다.

그대,
오늘까지도 묶여 있는 과거의 죄들이 있나요?
오늘 회개를 결심하면 됩니다.

그러므로 너의 이 악함을 회개하고 주께 기도하라
혹 마음에 품은 것을 사하여 주시리라
_행 8:22

우리는 가족
그리고 교회
그리고 회사
그리고 학교라는 울타리 안에서
단체 생활을 합니다.

그대로 인하여
그대가 속한 단체가 높여지기를
원한다면

하나님 앞에서
오늘도 올바른 삶을 살아드리려는
노력이 필요합니다.

한 사람이 순종하지 아니함으로 많은 사람이 죄인 된 것 같이
한 사람이 순종하심으로 많은 사람이 의인이 되리라
_롬 5:19

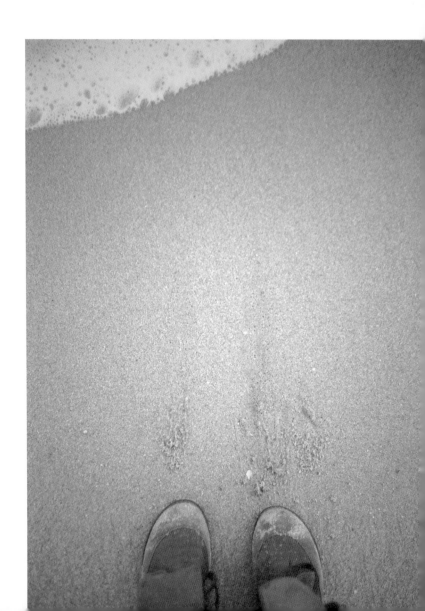

사람들은 이 땅에 살면서 '힘'을 얻기 원합니다.
'강한 사람'이 되기 원합니다.

그렇다면
더욱더 여호와 앞에서 바른 길을 걷고자 하는
마음의 결단과 실천이 필요합니다.

그대, 오늘 가는 곳이 올바른 곳인가요?
그대, 오늘 하는 생각은 올바른 생각인가요?
그대, 오늘 머무는 곳이 올바른 곳인가요?
그대, 오늘 행하는 행실은 올바른 것인가요?

여호와 앞에서 올바른 그대,
하나님께서 그대의 삶을 더욱 강건하게 해 주십니다.

요담이 그의 하나님 여호와 앞에서 바른 길을 걸었으므로
점점 강하여졌더라
_대하 27:6

선한 말은 꿀송이 같아서
마음에 달고 뼈에 양약이 된다는
잠언의 말씀이 있습니다.

세상의 많은 사람은 아프고, 실망하고, 좌절하기에
위로를 필요로 합니다.

그대의 이웃은 그대의 어떤 말로
오늘을 살아갈 힘과 위로를 얻을 수 있을까요?

믿는 사람들의 입술의 고백에는 능력이 있습니다.
왜냐하면 그 고백은 진리 안에서 선포되어 지기
때문입니다.

귀에 들리는 좋은 말로 사람이 세워지는 것이 아닙니다.
진리 되신 하나님의 힘과 사랑을 느끼게 해 주는
진실된 말 한마디가 듣는 이들을
소생하게 하는 힘을 줍니다.

무릇 더러운 말은 너희 입 밖에도 내지 말고
오직 덕을 세우는 데 소용되는 대로 선한 말을 하여
듣는 자들에게 은혜를 끼치게 하라
_엡 4:29

'그대는 어떤 이웃인가'라는 질문은
중요합니다.

그대를 가까이함으로써
복을 함께 받는 사람이 있을 수 있고,
그대가 함께함으로써
안 받아도 되는 손실을 보게 되는 경우도
생길 수 있기 때문입니다.

우리는 매일 선택을 하면서 살아갑니다.

그대로 하여금 하나님으로부터
멀어지게 만드는 교제는 없는지요?

그대로 하여금 하나님을 더 사모하는
교제를 가까이하며 살아야겠습니다.

내 아들아 그들과 함께 길에 다니지 말라
네 발을 금하여 그 길을 밟지 말라
_잠 1:15

우리의 신앙 자세 중
'견고함'은 참 중요합니다.

그대는 '견고한 신앙'을 갖고 계십니까?

여호사밧 왕은 하나님을 신뢰함으로써
견고함을 지켰다고 합니다.

어떤 상황에서도 하나님을 신뢰하는 마음은
우리에게 '견고함'을 가져다줍니다.

하나님께서 항상 우리를
달래 주시고
위로해 주시고
격려해 주시고
힘 주시고
우리의 기도를 듣고
속히 응답해 주시고

그럴 때만 하나님을 신뢰해야 할까요?

그대의 마음대로 일이 되지 않을 때
그대의 계획에서 벗어나는 일이 일어날 때
하나님을 신뢰할 수는 없을까요?

어떠한 상황에서도 하나님을 신뢰하는 자에게는
'견고함'의 열매가 맺히게 되어 있습니다.

오늘도 '견고함'의 열매 맺는 그대,
축복합니다.

너희는 너희 하나님 여호와를 신뢰하라 그리하면 견고히 서리라
그의 선지자들을 신뢰하라 그리하면 형통하리라

_대하 20:20

우리는 "하나님께서는 모든 것을 보고 계신다"라는
말을 종종 듣습니다.

그러한 말이 우리에게
죄에 대한 경각심과
조심해야 할 것들을 일깨워 줍니다.

하지만
우리를 향한 지극한 관심과 사랑으로 인해
그분의 시선이 우리에게 '고정'된 것은 아닐까요?

우리는
그러한 그분의 시선을 만날 수 있기를
기다리는 마음을 지녀야 합니다.

그대에게 고정된 그분의 '집중적인 시선'을
오늘도 놓치지 않는 그대가 되기를
축복합니다.

주께서 내가 앉고 일어섬을 아시고 멀리서도 나의 생각을 밝히 아시오며
_시 139:2

"이왕 하는 건데!"라는 표현이 있습니다.

이왕 봉사하는 건데
이왕 시간을 바치는 건데
이왕 헌금하는 건데

전심을 다하고 싶은 일이 있다는 것만으로도
감사할 제목이 됩니다.

하나님은 두루 다니시면서
전심으로 하나님을 구하는 자를 찾으십니다.

그리고 그 사람에게
그분의 능력을
베풀어 주고 싶어 하십니다.

그대,
전심을 다하여
하나님을 구하는 사람입니까?

그대의 삶이
하나님을 구하게 될 때
그대의 상상을 초월하여
하늘로부터 공급되어지는

하나님의 차고 넘치는 능력을
경험하게 될 것입니다.

여호와의 눈은 온 땅을 두루 감찰하사 전심으로 자기에게 향하는 자들을
위하여 능력을 베푸시나니

_대하 16:9

그대는
이웃이 가까이 다가가고 싶은 사람입니까?
혹은 멀리 피해 가고 싶은 사람입니까?

그대로 인하여 주위 사람들이
하나님을 더 가까이하고 싶은 마음이 들 수 있다면?

그대를 가까이 하고 싶어 하는 모든 사람의 이유가
그대와 가까이 계시는 여호와 하나님을
보았기 때문이라고 고백한다면
참으로 귀한 '삶의 간증'이 될 것 같습니다.

오늘도 그대의 이웃을

하나님께로 향하게 만들
그대의 모든 '삶의 도구'를 축복합니다.

또 유다와 베냐민의 무리를 모으고 에브라임과 므낫세와 시므온 가운데에서
나와서 저희 중에 머물러 사는 자들을 모았으니 이는 이스라엘 사람들이
아사의 하나님 여호와께서 그와 함께 하심을 보고
아사에게로 돌아오는 자가 많았음이더라
_대하 15:9

너무나 답답한 상황!
말이 안 되는 상황!
그럴 때는 부르짖어 기도할 때입니다.

"나는 할 수 있어!"
"승리는 내 것이야!"
"하나님은 나를 도와주셔!"

어떠한 상황에도 절망하지 않고 부르짖어 기도하며
믿음의 선포를 잊지 않는 그대의 하루는
'승리'입니다.

유다 사람이 소리 지르매 유다 사람이 소리 지를 때에
하나님이 여로보암과 온 이스라엘을 아비야와 유다 앞에서 치시니
_대하 13:15

지금 그대에게 어떠한 일이 일어난다 해도
하나님의 선하심이 그대의 삶에
함께하고 있음을 믿으십니까?

그 믿음이 있는 자를 하나님께서
세워 주시고, 높여 주시고,
하나님의 모든 '선한 일'에 도구로 사용하여 주십니다.

어떠한 상황에서도 '하나님의 선하심'을 믿고
고백하는 그대,
'하나님께서 기뻐하시는 사람'입니다.

믿음이 없이는 하나님을 기쁘시게 하지 못하나니
하나님께 나아가는 자는 반드시 그가 계신 것과 또한
그가 자기를 찾는 자들에게 상 주시는 이심을 믿어야 할지니라
_히 11:6

하나님을 섬기는 우리에게
한결같아야 할 태도가 있다면
바로
감사와 기쁨입니다.

일의 결과에 대한 평가는
하나님께서 나중에 해 주십니다.

그러나
오늘 그대는 하나님의 일을 하면서 기쁜지요?
오늘 그대는 하나님께서 주신 삶을 살면서 감사한지요?

기쁨도 감사도 모두 능력입니다.

이 멋진 능력을 매일같이 소유하는 그대,
축복합니다.

의인이여 너희는 여호와로 말미암아 기뻐하며
그의 거룩한 이름에 감사할지어다
_시 97:12

하나님 앞에 더욱더
가까이 나이가기 원하는 자들의 마음에는
한결같이 멈추지 않는
소원이 있어야 합니다.

'정금 같은 삶!'
'정결한 삶!'
'거룩한 삶!'
'정직한 삶!'

이와 같이 한결같은 소원들을 가지고
오늘도 하나님 전에 나오는 그대,
축복합니다.

그러나 내가 가는 길을 그가 아시나니 그가 나를 단련하신 후에는
내가 순금 같이 되어 나오리라

_욥 23:10

무능력을 느끼나요?
좌절을 느끼나요?
실망을 느끼나요?
죄책감에 시달리나요?

〈열왕기상〉에
성전 입구의 야긴과 보아스라는 기둥이 나옵니다.
오른 쪽 기둥인 야긴은
'여호와가 견고하게 세우실 것이다'라는 의미이며
왼쪽 기둥인 보아스는
'여호와에게 능력이 있다'라는 의미로
백성들의 연약함을 일깨워 주는 기둥이었습니다.

왼쪽 기둥을 보면서 자신을 돌아보고
오른쪽 기둥을 보면서 여호와 하나님께서
그대에게 해 주실 수 있는 일을 기대하는 그대,
축복합니다.

피곤한 자에게는 능력을 주시며 무능한 자에게는 힘을 더하시나니
_사 40:29

'함께'라는 것은

서로 신뢰하고
서로 사랑하고
서로 배려하고
서로의 짐을 덜어 주는 것입니다.

하나님께서는 우리가 이 땅에서
개인의 '성취'보다 모두 다 '함께'하는 것을
더 즐거워하십니다.

오늘 그대에게 '함께'하고 싶은 사람이 있나요?

그렇다면 그대는
이미 하나님께서 기뻐하시는 삶을
살고 있는 것입니다.

너희도 성령 안에서 하나님이 거하실 처소가 되기 위하여
그리스도 예수 안에서 함께 지어져 가느니라
엡 2:22

하나님에게 가능하지 않은 것은 없습니다.
그 가능성에 대한 믿음을
우리가 제한하고 있는 것이 문제입니다.

그대,
오늘 어떤 기도를 하나요?

기도할 때에
하늘을 감동시키는 멋진 기대를 잊지 않는
그대가 되기를 축복합니다.

어호와께서 사람의 목소리를 들으신 이 같은 날은
전에도 없었고 후에도 없었나니
이는 여호와께서 이스라엘을 위하여 싸우셨음이니라
_수 10:14

더불어 살면서 하게 되는 것이 있습니다.

무엇인가를 주고받는 일입니다.

이러한 상황에서 기억해야 할 태도가 있다면
바로 '기뻐하는 태도'일 것입니다.
받을 때 기뻐하는 것은 쉽지만
줄 때 기뻐하기는 어려울 수 있습니다.

그러나 우리 예수님을 믿는 사람들은
받을 때도 기쁘고,
줄 때도 받을 때만큼 기뻐했으면 합니다.

그것이 하나님께서 기뻐하시는 태도입니다.

형제들아 기뻐하라 온전하게 되며
위로를 받으며 마음을 같이하며 평안할지어다
또 사랑과 평강의 하나님이 너희와 함께 계시리라
거룩하게 입맞춤으로 서로 문안하라

_고후 13:11

사람마다 각자 맡은 역할들이 있습니다.
하나님께서는 우리에게 직임을 구별하여 주셨습니다.

내가 있는 자리가
어떤 자리인지를 아는 것은
지혜입니다.

오늘 그대,
하나님께서 어느 자리에 두셨는지요?

그대는 그 일이 기쁜가요?
그 일이 감사한가요?

우리 삶의 목표는
일의 성공적인 성취가 아닌
하나님을 기쁘게 해 드리는 것입니다.

하나님께서 허락하신 자리에서
그대가 품고 있는 긍정적인 태도는
이미 하나님을 기쁘게 한 일입니다.

나를 능하게 하신 그리스도 예수 우리 주께 내가 감사함은
나를 충성되이 여겨 내게 직분을 맡기심이니
_딤전 1:12

거룩함에 대한 그대의 열망은 어떠한지요?

정말로 간절하게 거룩해지고 싶다는 생각을
가져 본 적이 있는지요?

그대의 마음속에
여러 가지 소원과 계획이 있겠지만

무엇보다 하나님 앞에서 거룩해지고 싶은
열망을 그대 삶에 가장 우선순위에 놓는 그대,
축복합니다.

사랑하는 자들아 너희는 너희의 지극히 거룩한 믿음 위에
자신을 세우며 성령으로 기도하며
_유 1:20

그대, 무슨 일을 하는지요?
새로 시작하는 일인지요?
했던 일이지만 좀 더 큰 성과가 필요한지요?
새로운 만남을 가지는 시간인지요?

그대가 하는 일에 하나님께서 함께해 주십니다.

필요한 지혜도 주실 것이고
용기도 주실 것이고
담대함도 주실 것입니다.

하나님께서 그대에게 말씀하십니다.

"일어나 일을 하라! 내가 너와 함께해 주겠다."

두려워하지 말라 내가 너와 함께 함이라 놀라지 말라 나는 네 하나님이 됨이라
내가 너를 굳세게 하리라 참으로 너를 도와주리라
참으로 나의 의로운 오른손으로 너를 붙들리라
_사 41:10

그대의 전쟁은 무엇인가요?
재정인가요?
관계인가요?
건강인가요?

그대가 어떠한 전쟁에 임하든지
그대가 가는 모든 곳에는 '승리'가 함께합니다.

길이 없는 곳도
그대가 가면 길이 됩니다.

오늘도
그대가 가는 곳마다
그대가 임하는 전쟁마다
승리하게 하시는 하나님을 찬양합니다.

또 여호와의 구원하심이 칼과 창에 있지 아니함을 이 무리에게 알게 하리라
전쟁은 여호와께 속한 것인즉 그가 너희를 우리 손에 넘기시리라
_삼상 17:47

우리의 삶에는 '과정'이라는 것이 있습니다.

열매나 결과 못지않게
이 과정도 중요합니다.

그대가 지금 어떤 일을 겪고 있는지의 모든 과정을
하나님께서 지켜보고 계십니다.

과정을 통과하는 가운데
절망하지 않으시기를!
낙담하지 않으시기를!

하나님께서는 이 과정에
그대를 홀로 두지 않으셨습니다.
그분은 모든 과정을
당신과 함께 걸어가 주고 계십니다.

우리가 주목하는 것은 보이는 것이 아니요 보이지 않는 것이니
보이는 것은 잠깐이요 보이지 않는 것은 영원함이라
_고후 4:18

그대는 어떤 유형의 기도를
올려드리나요?

하나님께서 놀라실 만한
믿음의 기도를 드려 보는 것은 어떨까요?

그러한 기도는 도전적이 될 수밖에 없습니다.

그렇게 담대한 믿음의 고백으로 말미암아
하나님을 놀라게 해 드리는
그대가 되기를 축복합니다.

이에 예수께서 대답하여 이르시되 여자여
네 믿음이 크도다 네 소원대로 되리라 하시니
그 때로부터 그의 딸이 나으니라
_마 15:28

모든 일에는 우선순위가 있습니다.
'감사의 태도'가
모든 일에 선행되는 것은 매우 중요합니다.

그대는 모든 일에 먼저 감사로 나아가는지요?
여호와를 구하는 자는
마음이 즐거울 것이라고 성경은 말씀합니다.

오늘 그대의 마음은 즐거운지요?
먼저 감사로 나아가는 그대, 축복합니다.

감사함으로 여호와를 구하는
그대의 마음에 있는 즐거움이
아름답습니다.

또 무엇을 하든지 말에나 일에나 다
주 예수의 이름으로 하고 그를 힘입어
하나님 아버지께 감사하라

_골 3:17

누군가로부터 도움을 받고
누군가를 도와주면서
우리는 '함께 신앙생활'을 합니다.

다윗의 리더십 중
자기를 도와준 사람들에 대한
인정과 감사가 있습니다.

그대가 있어 감사합니다.

'하나님의 일에 함께 동역'하여 주심을
진심으로 감사드립니다.

생명을 돌아보지 아니하고 갔던 이 사람들의 피를 어찌 마시리이까 하고
그들이 자기 생명도 돌보지 아니하고 이것을 가져왔으므로
그것을 마시기를 원하지 아니하니라 세 용사가 이런 일을 행하였더라

_대상 11:19

사울 왕은
시작은 아름다웠지만
마지막은 비참했던 리더였습니다.

그대는 오늘 순종하고 있는지요?
하나님은 어제의 순종이 아니라
'오늘의 순종'을 물어보십니다.

그대는 오늘 기도하고 있는지요?
하나님은 어제의 기도 시간이 아니라
오늘의 기도 시간을 물어보십니다.

믿음의 경주는
끝까지 완주해야 합니다.

넘어졌다 생각될지라도
오늘 또다시 일어나기를 축원합니다.

마지막까지
일관성 있는 그대, 축복합니다.

사무엘이 이르되 여호와께서 번제와 다른 제사를
그의 목소리를 청종하는 것을 좋아하심 같이 좋아하시겠나이까
순종이 제사보다 낫고 듣는 것이 숫양의 기름보다 나으니

_삼상 15:22

우리를 묶는 것 중 하나는 '죄'입니다.
그 어느 것에도 포로가 되지 않으려면
하나님 앞에서 범죄하지 않으면 됩니다.

오늘 그대는 어떤 것에 '묶여서 포로가 되었다'는
느낌이나 생각이 드는지요?

범죄한 것이 없는데 그런 생각이 든다면?

그대가 능히 이겨낼 수 있는
'성숙의 도구'로 사용되겠지만

마음 깊은 곳의 혼자만 아는 범죄함이라면?

오늘 그대의 올바른 선택이 필요합니다.

더 이상 '포로가 되지 않겠다'는
그대의 결정이 필요합니다.

그리스도께서 우리를 자유롭게 하려고 자유를 주셨으니
그러므로 굳건하게 서서 다시는 종의 멍에를 메지 말라
_갈 5:1

오늘도 코람데오!
하나님 앞에 서 있는 사람의 삶입니다.

누가 알아주고 못 알아주고,
인정받고 안 받고,
격려받고 못 받고의 차원이 아닙니다.

오늘도 코람데오!
하나님께서 알고 계시는 삶을 살아가는 그대,
축복합니다.

내가 이미 얻었다 함도 아니요 온전히 이루었다 함도 아니라
오직 내가 그리스도 예수께 잡힌 바 된 그것을 잡으려고 달려가노라
_빌 3:12

그대는 정직합니까?
그대는 정직해야만 합니다.
왜냐하면 그대는 하나님의 자녀이기 때문입니다.

하나님 닮은 자녀의 모습은
아버지 되신 하나님을 기쁘게 합니다.

"정직한 자에게는 시온의 대로가 있도다" 하는
오늘 그 말씀을 약속으로 받은 그대, 축복합니다.

여호와는 의로우사 의로운 일을 좋아하시나니
정직한 자는 그의 얼굴을 뵈오리로다
_시 11:7

목자에게 가장 중요한 것은 무엇일까요?
그것은 바로 '양들'입니다.

하나님은 오늘도 그대의 선한 목자로서
그대를 잘 돌봐 주기를 원하십니다.

그대를
먹이시고
입히시고
보호하시며
또한 쉬게 해 주실 것입니다.

하나님께서 그대의 선한 목자이심을
오늘도 고백하며
감격하는 그대의 하루가 되길 축복합니다.

여호와는 나의 목자시니 내게 부족함이 없으리로다
그가 나를 푸른 풀밭에 누이시며 쉴 만한 물 가로 인도하시는도다
_시 23:1~2

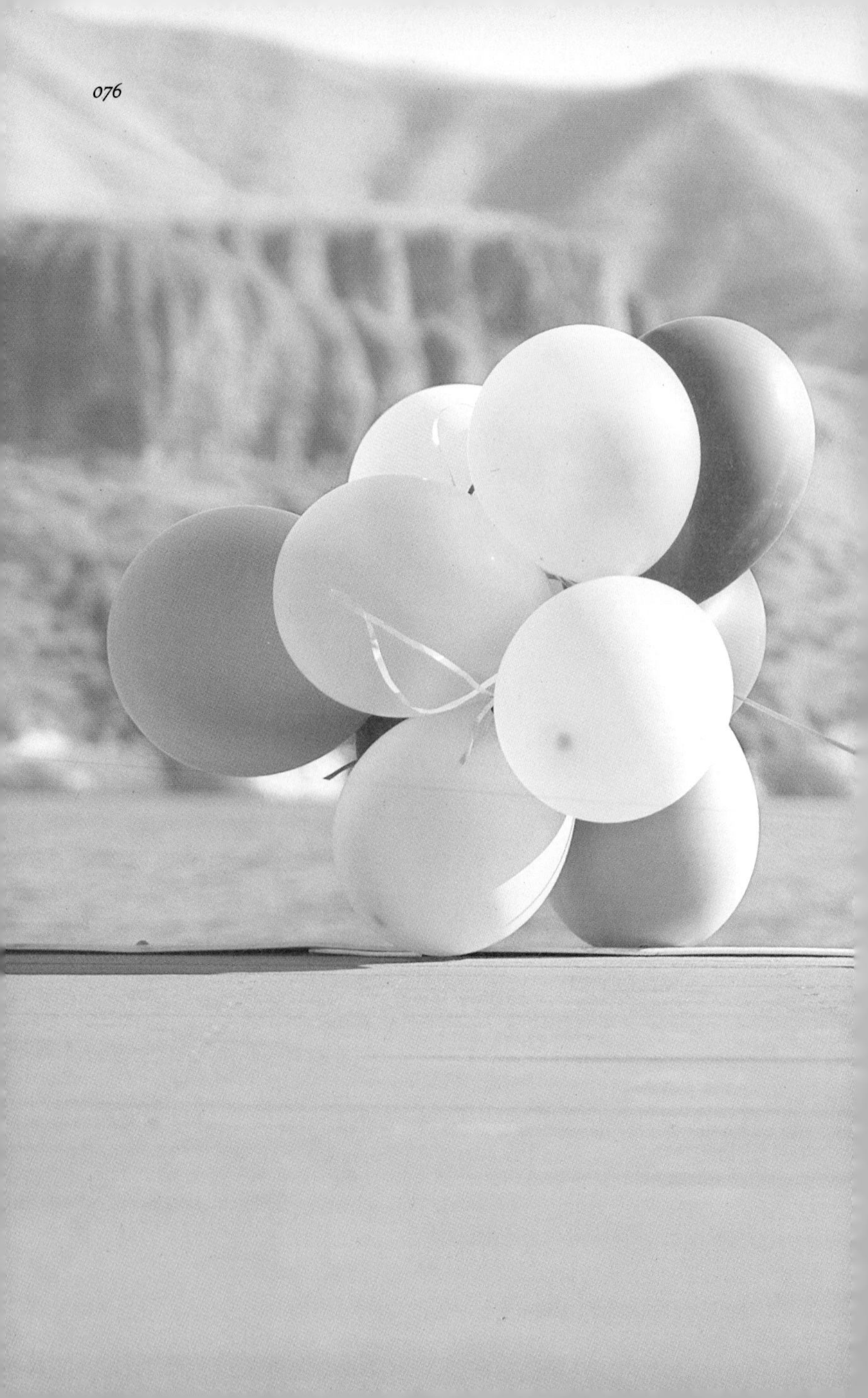

하나님은 그대의 수치를 기억하지 않으시는
'용서의 아버지'가 되십니다.

"이전 것은 지나갔으니 보라 새것이 되었도다!"

하나님께서는 그대를 있는 그대로 사랑하십니다.

이전의 죄에서 벗어난 그대를
사용하기를 원하십니다.

그대는 하나님의 '거룩한 도구'입니다.

지난 수치를 딛고 일어나서
'거룩한 행진'에 한 발자국 다가서는 그대,
그대의 거룩한 걸음을 축복합니다.

그런즉 누구든지 그리스도 안에 있으면 새로운 피조물이라
이전 것은 지나갔으니 보라 새 것이 되었도다
_고후 5:17

그대의 이름은 무엇인가요?

예수님을 믿기 전과 후 그대의 이름은
달라지게 되었습니다.

하나님은 그대의 과거를 이야기하지 않으십니다.

그분은 그대의 새 이름을 불러 주시고
지금의 남은 인생길에 대한
새로운 계획을 원하십니다.

하나님은 그대를 향하여
긍휼과 사랑을
끊임없이 베풀어 주십니다.

지금 하나님께서 불러주시는
그대의 새 이름은 무엇인가요?

그가 이르되 네 이름을 다시는 야곱이라 부를 것이 아니요
이스라엘이라 부를 것이니 이는 네가 하나님과 및 사람들과
겨루어 이겼음이니라

_창 32:28

오늘 그대, 어떤 기도 제목들이 있는지요?
정말 다급하다면, 정말 간절하다면
소리를 높여 절실한 마음으로 기도해야 합니다.

절박한 심정의 기도!
다급한 마음으로 올려드리는 기도!
간절한 기도에는 그분의 응답이 함께합니다.

오늘도 절실한 기도로 하나님 앞에 나아가는 그대,
축복합니다.

하물며 하나님께서 그 밤낮 부르짖는 택하신 자들의
원한을 풀어 주지 아니하시겠느냐 그들에게 오래 참으시겠느냐
_눅 18:7

은밀한 죄는 어떤 것일까요?

아무도 보지 않는다고 생각하면서 짓게 되는 죄들!
아무도 듣지 않으리라 생각하면서 나누는 대화들!
아무도 읽지 않는다고 생각하면서 주고받는 메시지들!

은밀한 중에 우리를 보시는 하나님!

우리를 바라보시는 그분의 눈빛이
어느 곳에서 우리를 만나더라도
반갑고 기쁠 수 있기를 소원합니다.

여호와의 말씀이니라 사람이 내게 보이지 아니하려고
누가 자신을 은밀한 곳에 숨길 수 있겠느냐
여호와가 말하노라 나는 천지에 충만하지 아니하냐

_렘 23:24

어 느 곳 에 가 더 라 도

무 엇 을   하 더 라 도

우리 삶에 형통함과 순적함이 있기를

원하지 않는 사람이 있을까요?

이 율법책을 네 입에서 떠나지 말게 하며 주야로 그것을 묵상하여
그 안에 기록된 대로 다 지켜 행하라
그리하면 네 길이 평탄하게 될 것이며 네가 형통하리라

_수 1:8

여호와 하나님과 연합하여

그분에게서 떠나지 않고

그분의 율법을 지켜 행하는 자에게는

어느 곳을 가든지

무엇을 하든지

하나님께서 '형통함'을 주시겠다고

약속하십니다.

그 약속을 그대로 믿는 그대, 축복합니다.

육신의 정욕과
안목의 정욕과
이 생의 자랑이 되는 것들이
우리 삶에 '이방신의 제단' 같은 모습으로
자리 잡게 된 것은 없는지요?

이방신도 섬기고
하나님도 섬기는 이중성은
우리에게 없어야 합니다.

마땅히 서 있어야 할
하나님의 제단에

그대의 삶을 온전히 올려드리는 그대,
축복합니다.

이 세상이나 세상에 있는 것들을 사랑하지 말라
누구든지 세상을 사랑하면 아버지의 사랑이
그 안에 있지 아니하니

_요일 2:15

때와 시간은 누가 정하는 것일까요?
시간의 주인 되시는 하나님께서 정하십니다.

고난이 시작되는 때가 있으면
고난이 마치는 때도 있습니다.

그러니
하나님께서 허락하신 그 시간까지
우리는 소망을 접어서는 안 됩니다.

마음의 기쁨을 간직하는 것 역시 잊지 말아야 합니다.

'여호와를 기뻐하는 것이 힘'이 됩니다.

다시는 네 해가 지지 아니하며 네 달이 물러가지 아니할 것은
여호와가 네 영원한 빛이 되고 네 슬픔의 날이 끝날 것임이라
_사 60:20

모든 사람은
'복음의 통로'된 삶을 살아야 합니다.

그대의 이름은 '복음의 통로'된 삶의 대명사인가요?
그대의 이름은 '복음의 원수'된 삶의 대명사인가요?

오늘 그대의 어떠한 선택에도, 모습에도
'복음의 통로'된 삶으로 살아가는 그대가 되기를
축복합니다.

이같이 너희 빛이 사람 앞에 비치게 하여 그들로
너희 착한 행실을 보고 하늘에 계신 너희 아버지께 영광을 돌리게 하라
_마 5:16

하나님께서 기억하시는 사람들이 있습니다.
바로 그들은
하나님 말씀을 기쁘게 순종하는 사람들입니다.

하나님께서는 그들의 자녀까지도 기억해 주십니다.

그들이 불의한 일을 했을 때에도
벌을 받아야 마땅할 때에도

그들의 신실했던 믿음의 조상들을 기억해서
긍휼과 자비를 베풀어 주신 우리 여호와 하나님!

오늘 그대의 순종은
그대가 사랑하는 이들에게 '복의 통로'가 됩니다.

하나님이 그들의 고통 소리를 들으시고 하나님이 아브라함과
이삭과 야곱에게 세운 그의 언약을 기억하사
하나님이 이스라엘 자손을 돌보셨고 하나님이 그들을 기억하셨더라
_ 출 2:24~25

그대는 그대의 소유에 대하여 얼마만큼 정직한가요?

'온전히 정직하다'고 말할 수 있는 사람이 가진
'영적 부요함'과 '당당함'은

이 땅의 그 어느 재물의 부요함과도 비교할 수 없습니다.

오늘도
모든 일에 '온전한 정직'의 삶을 추구하는 그대,
아름답습니다.
훌륭합니다.

우리가 마음에 뿌림을 받아 악한 양심으로부터 벗어나고 몸은 맑은 물로
씻음을 받았으니 참 마음과 온전한 믿음으로 하나님께 나아가자
_히 10:22

율법이 즐거울 수 있을까요?
어떻게 하면 율법을 즐거워할 수 있을까요?

율법을 지키는 것이 익숙해지기까지
계속 연습해야 합니다.
끊임없이 반복적으로
말씀에 순종하는 일을 연습해야 합니다.

그 일이 훈련되어지면
율법을 지키는 것이 즐겁고

그것은 곧 거룩한 습관이 될 수밖에 없습니다
율법이 즐거울 수밖에 없습니다.
'순종'이 습관화 되면 '불순종'이 어려워집니다.

나로 하여금 주의 계명들의 길로 행하게 하소서
내가 이를 즐거워함이니이다

_시 119:35

일이 이루어지는 것이 더디다 생각될 때는
하나님께서 더 좋은 것으로
준비하고 계신다는 생각을 품는 것이
곧 하나님께서 기뻐하시는 '믿음'입니다.

모든 것에는 반드시 '갚아 주심의 날'이 있으니

오늘도 하나님 안에서
하나님 기뻐하시는 믿음의 마음을 가지고
하루를 살기로 선택하는 그대,
축복합니다.

너는 기도할 때에 네 골방에 들어가 문을 닫고 은밀한 중에 계신
네 아버지께 기도하라 은밀한 중에 보시는 네 아버지께서 갚으시리라
_마 6:6

하나님 안에 늘 거하는 자에게는
그 어느 것도 '잃음'이 없습니다.

돌아오지 않는 것들은
돌아오지 않아도 되기 때문에
하나님께서 허락해 주시지 않는 것뿐입니다.

예수님 믿는 삶에 '손해'는 없습니다.

평안을 너희에게 끼치노니 곧 나의 평안을 너희에게 주노라
내가 너희에게 주는 것은 세상이 주는 것과 같지 아니하니라
너희는 마음에 근심하지도 말고 두려워하지도 말라
_요 14:27

'지금이 최악이다'라고 생각합니까?
하나님께 '최악의 상황'은 존재하지 않습니다.

하나님께서
'개입'해 주시면 됩니다.

그대가 어떠한 상황에 있든지
그분은 합력하여 선을 이루시기 위하여
그대의 삶에 여전히 개입하고 계십니다.

내가 놀라서 말하기를 주의 목전에서 끊어졌다 하였사오나
내가 주께 부르짖을 때에 주께서 나의 간구하는 소리를 들으셨나이다
_시 31:22

그대의 '관계맺음'은 얼마나 건강한가요?

〈로마서〉는
"할 수 있거든 모든 이와 화목하라" 하셨습니다.
하지만 모든 사람과 화목하며 살기가 쉬운 일은 아닙니다.

그분의 사랑은
그대가 모든 관계에서 얼마만큼 잘하고 있는가
그런 결과에만 국한되지 않습니다.
하나님은 그대가 얼마만큼 진심으로
그 일을 해내기 원하는지 그 마음의 중심을 보십니다.

하나님의 말씀에 순종하고자
우리가 갖고 있는
모든 '관계'를 하나님 앞에
기도와 겸손으로
올려드리는 그대,
축복합니다.

할수 있거든 너희로서는 모든 사람과 더불어 화목하라
_롬 12:18

하나님은 우리의 삶이 곤고한 것을
그냥 보고 계실 분이 아닙니다.
우리는 매일같이 하나님의 전적인 은혜 가운데
살 수밖에 없습니다.

선한 것을
기다리고
기대하며
기도하는 그대!

하나님은 반드시 그대의 가장 '완전한 때'에 맞는
그대의 필요를 채워 주십니다.

믿음이 없어 하나님의 약속을 의심하지 않고
믿음으로 견고하여져서 하나님께 영광을 돌리며

_롬 4:20

사람마다 마음의 소원이 있습니다.

그대, 소원이 있는지요?

부르짖는 기도도 중요하지만
이웃을 돌아보면서
그들의 필요에 세밀한 배려를 실천하는 그대!

하나님께서 그대 마음의 소원을 들어
응답하실 것입니다.

둘째는 이것이니 네 이웃을 네 자신과 같이 사랑하라 하신 것이라
이보다 더 큰 계명이 없느니라

_막 12:31

선지자 엘리사를 놀린 아이들이 있습니다.
"대머리여! 대머리여! 올라가라!"

이때 수풀에서 암곰 둘이 나와서
아이들 중 마흔두 명을 죽였습니다.

우리에게 이런 끔찍한 벌이 임한다면
우리는 아마 조롱하는 일도 비판하는 일도
더없이 조심할 것입니다.

심판은 하나님께 맡기는 것이 좋습니다.
우리는 '심판자'의 자리에 있지 않습니다.
우리는 '은혜를 입은 자'의 자리에 있습니다.

오늘도
조롱하는 말을 삼가고
비판하는 말도 삼가는 그대,
이 땅의 '넉넉한 축복의 통로'가 됩니다.

네가 어찌하여 네 형제를 비판하느냐 어찌하여
네 형제를 업신여기느냐 우리가 다 하나님의 심판대 앞에 서리라
_롬 14:10

우리의 내일은 하나님께 달려 있습니다.
하나님의 뜻을 좇아 살고 싶다면
하나님의 뜻이 적혀 있는 성경을 가까이해야 합니다.

오늘도 하나님의 이름을 사용하는 것이
불편하지 않은 장소에
우리가 있었으면 합니다.

만민이 각각 자기의 신의 이름을 의지하여 행하되 오직 우리는
우리 하나님 여호와의 이름을 의지하여 영원히 행하리로다

_미 4:5

베드로의 '개인적인 주님에 대한 고백'이 있습니다.

주님이 그 고백을 들으신 후 '비로소'
주님이 전에 들려주시지 않던 이야기를 들려주셨습니다.

주님이 그대의 어떤 '믿음의 고백'을 기다리고 계실까요?

그 고백을 들은 이후
주님은 '비로소'
그대에게 알려 줄
더욱 세밀한 삶의 방향에 관한 말씀이나,
관계의 새로운 정리에 관한 말씀을
해 주실 수도 있겠지요.

그대가 깨달아야 할 더 깊은 진리에 대한
이야기를 나눠 주실 것입니다.

비로소!
비로소!

시몬 베드로가 대답하여 이르되 주는 그리스도시요
살아 계신 하나님의 아들이시니이다
_마 16:16

누구에게라도 용서는 쉬운 일이 아닙니다.
예수님께서는 인류의 모든 죄를 용서하기 위하여
십자가의 죽음을 선택하셨습니다.

그러나 그대가 다른 이들을 용서하지 않는다면?

그대는 평생 창살 없는 감옥에
스스로를 가두어 두는 것일 수밖에 없습니다.

십자가를 바라보고 용서함으로써
그대에게 선물로 주신 자유함을 넉넉히 누리는 그대,
축복합니다.

누가누구에게 불만이 있거든 서로 용납하여 피차 용서하되
주께서 너희를 용서하신 것 같이 너희도 그리하고

_골 3:13

"네 마음을 다하고 목숨을 다하고 뜻을 다하고
힘을 다하여 주 너의 하나님을 사랑하라" 하심이
크고 첫째 되는 계명이라 하셨습니다.

이 계명을 주신 하나님께서
우리를 어떻게 사랑하셨을까?

하나님은 그대를 온 마음을 다하여 사랑하십니다.
목숨을 다하여 사랑하십니다.
뜻을 다하여 사랑하십니다.
전심을 다하여 사랑하십니다.
모든 것을 다하여 우리를 사랑하십니다.

III

그분의 완전하신 사랑의 깊이와 넓이, 높이를
오늘도 그대의 삶에서
배우고 느끼고 깨닫기를 원합니다.

그리고 그 사랑이
우리 마음에 그대로 깨우쳐 질 때

우리 역시 하나님을
'마음을 다하고 뜻을 다하고 목숨을 다하여
사랑합니다'라는 고백을
할 수 있게 될 것입니다.

하나님은 그대를
전심으로 사랑하십니다.

아버지께서 나를 사랑하신 것 같이 나도 너희를 사랑하였으니
나의 사랑 안에 거하라
_요 15:9

오늘 그대가 마주한 상황이
꼭 앞으로 나아가는 것이 지혜로운 처세인지
아니면 뒤로 물러서야 더 지혜로운 처세인지
하나님께 여쭤 보고 결정하는 그대가 되기를
축원합니다.

우리의 삶에는 선해도 더 선하고
옳아도 더 옳은 일들이 있습니다.

매일 하나님과 가까이하여
모든 순간을 하나님께서 가장 기뻐하시는 뜻을 행하는
그대가 되기를 소원합니다.

지혜가 너를 선한 자의 길로 행하게 하며
또 의인의 길을 지키게 하리니
_잠 2:20

만약 하나님께서 내일 오신다면
오늘 그대는 무엇을 하고 있다가
하나님을 만나고 싶은가요?

미워하고 있는 사람 때문에 감정과 씨름하다가
예수님을 만나고 싶은가요?
자기 신세가 처량하다며 자기연민에 빠져 있다가
예수님을 만나고 싶은가요?
'복음의 통로' 되는 삶에 최선을 다하고 있다가
예수님을 만나고 싶은가요?

오늘도 우리는 선택을 합니다.
'깨어 있는 자'의 신앙생활을 할 것인지,
'잠자고 있는 자'의 신앙생활을 할 것인지!

그러므로 깨어 있으라 집 주인이 언제 올는지 혹 저물 때일는지,
밤중일는지, 닭 울 때일는지, 새벽일는지 너희가 알지 못함이라
_막 13:35

우리 삶의 중요한 요소 중 하나는
'균형'입니다.

균형은 '선한 행실'에도 적용됩니다.

내게 없는데도 불구하고
남을 도와주라고 말씀하신 것이 아닙니다.
남을 도와주더라도 너무 지나쳐서
피곤함이 온 적은 없는지요?

그대에게도 쉼이 필요하다고
하나님은 말씀하십니다.

선한 일을 하다가 낙심할 정도로 피곤해지는 것은
하나님의 기쁘신 뜻이 아닙니다.

모든 일에 하나님의 지혜로 선택을 결정하는 그대,
축복합니다.

너희는 이 세대를 본받지 말고 오직 마음을 새롭게 함으로 변화를 받아 하나님
의 선하시고 기뻐하시고 온전하신 뜻이 무엇인지 분별하도록 하라
_롬 12:2

잘 받는 사람이 잘 주는 사람이 됩니다.

도움을 받지 않고 살아가는 것이 자랑은 아닙니다.
우리는 서로 돕고 살아야 합니다.

남에게 민폐를 끼치는 것 같아
도움을 싫어하는 사람도 있지만
우리는 서로 '사랑의 빚'도 지고 살 줄 알아야 합니다.

오늘 누군가 나를 도와줄 때
그 도움에 감사하며
그 도움을 기억하며

또 다른 사람에게 도움의 손길을 내밀 수 있는
그대가 되기를 축복합니다.

피차 사랑의 빚 외에는 아무에게든지 아무 빚도 지지 말라
남을 사랑하는 자는 율법을 다 이루었느니라
_롬 13:8

사람과 사람 사이에는 도움을 주고받으면서도
때로는 좌절감을 느낄 때가 있습니다.

최선을 다해 도와주어도 그 사람이 내 도움을
도움으로 여기지 못할 때 느끼는 좌절감이 있습니다.

그럴 때 우리는 사람 돕는 것을 포기하고 싶고
나의 도움에 대한 패배와 실패를 느끼게 됩니다.

하지만 우리 하나님은 그렇지 않습니다.
그분의 도움에는 '실패와 패배'가 없습니다.

하나님께서는 끝까지
그대 도와주시는 것을 포기하지 않으십니다.
끝까지 그대를 도와주십니다.

너희는 강하고 담대하라 두려워하지 말라 그들 앞에서 떨지 말라
이는 네 하나님 여호와 그가 너와 함께 가시며
결코 너를 떠나지 아니하시며 버리지 아니하실 것임이라 하고
_신 31:6

다른 사람들을 업신여기는 것은
좋지 않습니다.

모든 사람은 특별합니다.

모든 사람을 특별하게
그리고
소중하게 여길 줄 아는 마음이

바로 하나님의 마음을
가장 가까이 닮은 마음입니다.

먹는 자는 먹지 않는 자를 업신여기지 말고
먹지 않는 자는 먹는 자를 비판하지 말라
이는 하나님이 그를 받으셨음이라

_롬 14:3

하나님은 먼 곳에 계시지 않습니다.
바로 그대 곁에 계십니다.
아니 바로 그대 안에 계십니다.

곧 내가 그들 안에 있고 아버지께서 내 안에 계시어
그들로 온전함을 이루어 하나가 되게 하려 함은
아버지께서 나를 보내신 것과 또 나를 사랑하심 같이
그들도 사랑하신 것을 세상으로 알게 하려 함이로소이다
_요 17:23

평강의 주께서 친히 때마다 일마다 너희에게 평강을 주시고
주께서 너희 모든 사람과 함께 하시기를 원하노라

_살후 3:16

하나님께서는 우리의 길을 인도해 주십니다.
그 음성을 듣고자 하는 자는
하나님의 음성에 귀를 기울이면 됩니다.

하나님의 인도하심을 받기 위한
그대의 기도에 그분은 어떻게 응답하십니까?

하나님께서는 그대의 길을 가장 선한 곳으로
인도하시는 분이라는 믿음의 확신이 필요합니다.
하나님께서는 그대를 혼동 가운데 두지 않으십니다.

마음의 평강으로 인도하십니다.
마음의 기쁨으로 인도하십니다.

평강과 기쁨이 없는 결정이라면
조금 기다려 보는 것이 좋습니다.

요즘 그대는 어떤 공격을 받고 있는지요?
방패를 잘 정비해서 사용하고 있는지요?

방패가 없으면 그대가 찔림을 입게 됩니다.
일찌감치 삶의 모든 어려운 일에
'방패'가 될 수 있는 무기를 준비해 두는
지혜가 필요합니다.

우리를 공격하는
모든 종류의 영적 싸움들 앞에
무엇을 방패로 사용해야 할까요?

"이 전쟁에도 내가 이기리라!" 하는 '믿음의 방패'와
감사로 제사를 지내는 '감사의 방패'를
잊지 않는 그대, 축복합니다.

모든 것 위에 믿음의 방패를 가지고 이로써
능히 악한 자의 모든 불화살을 소멸하고
_엡 6:16

모든 상황에서 우리 예수 그리스도는
능히 그대를 도우실 수 있는 분입니다.
길은 예수 그리스도!
그분인 것입니다.

우리의 오해를 풀어 주실 이도
우리의 손실을 다시 찾아 주실 이도
우리의 관계를 회복해 주실 이도
오직 예수 그리스도이십니다.

그가 시험을 받아 고난을 당하셨은즉 시험 받는 자들을 능히 도우실 수 있느니라
_히 2:18

양보의 미덕이 아쉬운 요즘 시대입니다.

오늘 그대,
어떤 일로 양보해야 할 상황은 없었는지요?

그대의 양보의 태도를 보시고
하나님께서 그대를 위해 예비해 두신 축복은 없을까요?

세상의 사람들처럼 살지 않는
그대 삶의 '양보의 공식'을
축복합니다.

선을 행하고 선한 사업을 많이 하고 나누어 주기를 좋아하며
너그러운 자가 되게 하라

_딤전 6:18

모든 것에는 시간과 때가 있습니다.

기다리고 기도해야 할 때가 있는가 하면
행동으로 옮겨야 할 때도 있습니다.

하나님께 약속을 받은 그대!
오늘 그 약속이 이루어지기 위해
기도를 계속해야 하는 것이 아니라
지체하지 않고 해야 할 일은 없는지요?

지혜와 영 분별 그리고 결단이
그대의 오늘과 함께하기를 축복합니다.

여호수아가 이스라엘 자손에게 이르되 너희가 너희 조상
의 하나님 여호와께서 너희에게 주신 땅을 점령하러 가
기를 어느 때까지 지체하겠느냐
_수 18:3

또한 너희 지체를 불의의 무기로 죄에게 내주지 말고 오직
너희 자신을 죽은 자 가운데서 다시 살아난 자 같이
하나님께 드리며 너희 지체를 의의 무기로 하나님께 드리라

_롬 6:13

하나님은 우리를 하나님의 뜻하신 목적을 위하여
창조해 주셨습니다.
그대는 그대의 지체를 오늘 어떻게 사용하고 있는지요?
눈은 눈대로! 귀는 귀대로! 다리는 다리대로!
그대의 모든 지체는 하나님을 위하여 사용하고 있는지요?

그대의 눈은 오늘 무엇을 보고 있나요?
그대의 귀는 오늘 무엇을 듣고 있나요?
그대의 입은 오늘 무엇을 말하고 있나요?

신체의 일부를 마땅히 사용해야 하는 곳에
사용하지 않는다면 그 부위는 '불구'가 되어 버립니다.

그대가 마땅히 사용해야 할 부분에
그대의 지체를 사용함으로 말미암아

그대의 어느 한 지체도 스스로
'불구'를 만드는 일이 없기를!

하나님의 음성이라 생각하고
순종했음에도 불구하고
순종의 열매가 없을 때가 있습니다.

하나님의 음성을 잘못 들은 것은 아닌가 할 정도로
마음이 어렵고 혼동될 때도 있습니다.

우리는 순종하는 과정에서
'그리스도인의 성숙'을 배우게 됩니다.

성공, 성취의 기준보다
더 높은 기준은 성숙입니다.

그대, 하나님의 음성이라고 생각하고
순종한 일로 인하여
지금보다 더 성숙해 있지 않나요?

그것은 성공과 실패의 기준을 뛰어넘는
'하나님께서 기뻐하시는 순종의 열매'
입니다.

인내를 온전히 이루라 이는 너희로 온전하고 구비하여
조금도 부족함이 없게 하려 함이라
_약 1:4

하나님을 신뢰하는 자에게는 '평강의 열매'가 함께합니다.

삶을 통치하시는 하나님을 믿고 신뢰하는 사람은
'염려하는 죄'를 멀리합니다.

하나님의 주권 하에
내일의 모든 염려를 맡기는 그대의 삶,
축복합니다.

그러므로 내일 일을 위하여 염려하지 말라
내일 일은 내일이 염려할 것이요 한 날의 괴로움은 그 날로 족하니라
_마 6:34

우리는 이 땅의 빛과 소금 같은 사람들입니다.

내 이웃이 나를 생각하면 마음이 밝아질 수 있는
그런 이웃으로 살아가면 좋겠습니다.

그대는 바로 옆에 있는 한 사람에게
'믿음, 소망, 사랑'의 통로입니다.

그대의 가장 가까운 곁에서
그대를 따스하게 바라보시는 하나님의 눈길로 인해
그대는 이 일을 넉넉하게 해낼 수 있습니다.

너희가 이방인 중에서 행실을 선하게 가져 너희를 악행한다고
비방하는 자들로 하여금 너희 선한 일을 보고 오시는 날에
하나님께 영광을 돌리게 하려 함이라

_벧전 2:12

한정된 이 땅에서의 삶에도
계획과 준비가 필요하다면

영원의 세계에 대한
계획과 준비는 더욱 중요합니다.

영원을 향한 삶에는
어떤 투자가 가장 지혜로울까요?

그대의 감정,
그대의 시간,
그대의 재정,
그대의 건강,
그대의 관계

과연 이 모든 영역에 어떠한 자세가 '영원의 삶'을 살아갈
그대에게 가장 지혜로운 준비가 될 수 있을까요?

자기의 육체를 위하여 심는 자는 육체로부터 썩어질 것을 거두고
성령을 위하여 심는 자는 성령으로부터 영생을 거두리라
_갈 6:8

어떠한 일을 하든지 목적의식이 분명하면 좋습니다.
힘든 일이 있다 해도 그 목적이 건강하고 밝으면
그 일을 참고 견딜 만한 능력이 수반됩니다.

내가 하는 일의 목적의식은?

그대는 하나님의 영광을 위하여
오늘도 살아가는 귀한 하나님의 자녀입니다.

그대가 하나님을 생각하면서 하는 일은
그 어느 것도 헛된 수고가 없습니다.

당신이 갖고 있는 모든 것을 이미 그대에게 주신 하나님은
갚아야 할 의무가 아무것도 없으심에도 불구하고
그대가 하나님의 영광을 위하여 행한 모든 일에
적어도 30배, 60배, 100배로 갚아 주기를 원하십니다.

우리 가운데서 역사하시는 능력대로 우리가 구하거나 생각하는 모든 것에
더 넘치도록 능히 하실 이에게
_엡 3:20

하나님께서 나를 알고 계시다는 것은
억울한 일을 당할 때에 큰 위로가 됩니다.

사람들은 우리의 마음속 깊은 곳을 잘 모를 때가 있습니다.
그래서 우리는 오해를 하기도 하고, 받기도 합니다.

그러나 하나님은 우리 모든 사람의
마음의 동기를 알고 계십니다.
모든 상황을 있는 그대로 알고 계시는 단 한 분,
우리 하나님 아버지이십니다.

우리가 사랑받을 때 감사한 일이지만
사랑받고 인정받는 것이
꼭 하나님의 옳다고 여기시는 기준이
아닐 수도 있습니다.

사랑받는다는 자랑보다는
얼마만큼 우리가 사랑하면서 사는지

하나님 앞에서 참된 심판의 가치를 생각하면서

오늘도 지혜로운 삶을 추구하는 그대,
축복합니다.

아버지 하나님과 주 예수 그리스도께로부터
평안과 믿음을 겸한 사랑이 형제들에게 있을지어다
_엡 6:23

너희는 옛적 일을 기억하라 나는 하나님이라 나 외에
다른 이가 없느니라 나는 하나님이라 나 같은 이가 없느니라

_사 46:9

어떻게 생각할 것인가?

우리의 선택이라고 하겠습니다.
환경이 만드는 선택보다 내 마음이 만드는 선택!

이전에 그대를 도와주셨던 하나님!
오늘의 어려움 역시 반드시 도와주십니다.

세상에는 여러 가지 목소리가 있습니다.
가장 강한 목소리는 어떤 것일까요?

진실이 담겨 있는 목소리입니다.

오늘 어떠한 상황 가운데에서도
우리는 모두 진실된 사람들이 되었으면 합니다.

진실된 사람이 하는 한마디 말에는
진실만큼의 무게와 능력이 실려 있습니다.

하나님은 진리이십니다!
하나님은 빛이십니다!
하나님은 말씀이십니다!

오늘 우리가 진리를 지키는 것이
혹 어려운 일일지라도

하나님 앞에서
진실된 삶!
진실된 말!
진실된 행동을 위해
최선을 다하는 그대가 되기를 축복합니다.

정직하게 행하며 공의를 실천하며 그의 마음에 진실을 말하며
_시 15:2

세상에서는 마지막을 '죽음'이라 생각합니다.
그러나 예수님을 믿는 우리는 그렇지 않습니다.

사망의 권세를 이긴 부활의 소망이 있습니다.

부활의 소망은 죽음뿐 아니라
삶에서 죽을 것같이 어려운 고난에 대한
회복의 소망도 포함됩니다.

오늘 그대의 상황이 죽음을 바로 앞에 둔 것 같더라도
소망의 예수님은 그대와 함께해 주십니다.

우리 주 예수 그리스도의 아버지 하나님을 찬송하리로다 그의 많으신 긍휼대로
예수 그리스도를 죽은 자 가운데서 부활하게 하심으로 말미암아
우리를 거듭나게 하사 산 소망이 있게 하시며
_벧전 1:3

하나님이 더 이상
선한 하나님이 아니라는 생각이 들 때
하나님이 우리의 간절한 기도를
외면한다는 생각이 들 때

그대는 '믿음이 있는 자'로
하나님을 만나게 될 사람인지요?
그대는 하나님의 선하심을 끝까지 믿을 수 있는
'믿음을 가진 자'인지요?

그 믿음을 소유한 그대, 축복합니다.

내가 너희에게 이르노니 속히 그 원한을 풀어 주시리라
그러나 인자가 올 때에 세상에서 믿음을 보겠느냐 하시니라
_눅 18:8

지금 내가 살고 있는 '오늘이라는 삶'에 대한
떳떳한 마음이 있어야 합니다.
지나간 죄들은 드러나게 되어도
이미 예수님 안에서 용서받은 죄들이니

사실 두려울 필요는 없습니다.

그러나 지금도 하나님 앞에서 두려운 범죄함이 있다면
당장 그것들을 끊어야만 합니다.

오늘도 그 어느 일에도
두렵고 떨지 않을 수 있는 삶을 살아가는 그대,
축복합니다.

몸은 죽여도 영혼은 능히 죽이지 못하는 자들을 두려워하지 말고
오직 몸과 영혼을 능히 지옥에 멸하실 수 있는 이를 두려워하라
_마 10:28

사람마다 '어쩔 수 없는 상황'들은 있을 수 있습니다.

그러나 그 '어쩔 수 없는 상황'이 죄임에도 불구하고
그 죄를 지속적으로 합리화시켜서는 안 됩니다.

모든 것에는 때가 있습니다.

'어쩔 수 없었다'는 상황에서
이제는 '하나님이 도와주셨다! 그래서 그분이 원하시는
방법으로 내 삶을 살 수 있었다'라고 고백하는 것이
우리 모두에게 필요합니다.

이 세대를 본받지 않고 여호와 하나님을 섬기는
그대의 올바른 태도와 마음을 축복합니다.

너희는 이 세대를 본받지 말고
오직 마음을 새롭게 함으로 변화를 받아
하나님의 선하시고 기뻐하시고
온전하신뜻이 무엇인지 분별하도록 하라
_롬 12:2

영적 전쟁에서 승리의 관건은 '마음 지키기'입니다.

내 마음을 어떻게 갖는가에 따라서
마음은 사단의 영토가 되기도 하고
하나님의 전이 되기도 합니다.
그래서 마음으로 들어가는 공격을 막으려면
수비 대장인 '감사'를 세워 둬야 합니다.

수비 대장이 제 역할을 하지 못하고
마음을 지키지 못했다면 어떻게 해야 할까요?

공격 대장이 필요한 때입니다.
공격 대장은 '대적기도'입니다.

수비 대장인 감사와
공격 대장인 대적기도를
잘 배치하여
오늘도 영적 전쟁에 승리하는 그대,
축복합니다.

모든 지킬 만한 것 중에 더욱 네 마음을 지키라
생명의 근원이 이에서 남이니라
_잠 4:23

사랑하는 모든 이의 삶이
'평안'하도록 기도할 수 있는 마음은
우리가 나눌 수 있는 가장 귀한 마음입니다.

그들에게 진심이 전해지면 감동이 되고
감동은 어려운 일을 이겨내는 힘이 됩니다.

너희도 우리를 위하여 간구함으로 도우라
이는 우리가 많은 사람의 기도로 얻은 은사로 말미암아
많은 사람이 우리를 위하여 감사하게 하려 함이라
_고후 1:11

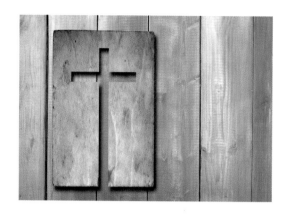

하나님이 보시기에 가증한 일들이 있습니다.

하나님 앞에서는 '사랑한다', '감사하다'고 고백하면서
돌아서면 남들에게 은혜롭지 못한 말이나
욕설, 원망의 말, 음란한 말을 사용합니다.

이렇듯 이중적인 모습을 다 보고 계시면서도
하나님께서는 있는 그대로 당신의 백성들을
사랑해 주신다는 것은 놀라운 일이 아닐 수 없습니다.

하나님은 우리가 선한 열매를 맺고
성숙해질 때까지 인내로 기다려 주십니다.

왜냐하면 하나님은 성숙의 마지막을
앞서 보실 수 있는 분이기 때문입니다.

그대를 있는 그대로 사랑하시고
그대를 오늘도 오래 참으심으로
그대를 향한 사랑을 증명하시는
우리 하나님을 생각하면서

오늘도 하루를 힘차게 시작하는 그대,
축복합니다.

거역하며 주께서 그들 가운데에서 행하신 기사를 기억하지 아니하고 목을 굳게 하며
패역하여 스스로 한 우두머리를 세우고 종 되었던 땅으로 돌아가고자 하였나이다
그러나 주께서는 용서하시는 하나님이시라 은혜로우시며 긍휼히 여기시며 더디
노하시며 인자가 풍부하시므로 그들을 버리지 아니하셨나이다

느 9:17

우리는 복된 세대에 살고 있습니다.
예수님을 적당히 믿으면서 '그리스도인의 티'를 내기에
너무나 힘든 세대에 살고 있습니다.

탁월하게 정직해야 하고, 탁월하게 거룩해야 하고
탁월하게 성결해야 하는 세대에 살고 있습니다.

이처럼 탁월하게 구별된 삶을 추구하는
그대의 용기와 결단을 축복합니다.

우리가 살아도 주를 위하여 살고 죽어도 주를 위하여 죽나니
그러므로 사나 죽으나 우리가 주의 것이로다

_롬 14:8

모든 일에는 '때'가 있습니다.

'아무 때'가 있고
'적당한 때'가 있고
'나쁜 때'가 있고
'최고의 때'가 있습니다.

하나님께서는 우리의 '최고의 때'를
정확히 알고 계십니다.

그대가 생각하는 '최고의 때'보다
하나님의 '최고의 때'를 그대의 삶에 계획하신다는
그분에 대한 믿음이 그대에게 더욱 중요합니다.

너는 마음을 다하여 여호와를 신뢰하고 네 명철을 의지하지 말라
_잠 3:5

요즘처럼 자녀들을 잘 양육하는 것이
'도전적'인 때가 또 있을까 싶습니다.

경건한 부모가 되고
자녀들을 경건하게 양육한다는 것은
결코 쉽지 않습니다.

심판날에 하나님께서는
"네 자녀들은
성공한 사람이 되었는가?"라는 질문보다
'그대가 얼마나 하나님 앞에서의
부모로서 경건한 삶'을
추구하며 살았는가를 물어보실 것입니다.

굳이 본보기의 삶이 되어야 하기 때문에
힘쓰는 그리스도인이 아니라,
경건의 능력을 소유한 그리스도인인지라

저절로 이웃에게 자녀에게
'본이 되는 삶'의 그리스도인이면
좋 겠 습 니 다 .

그러므로 우리가 흔들리지 않는 나라를 받았은즉
은혜를 받자 이로 말미암아 경건함과 두려움으로
하나님을 기쁘시게 섬길지니

_히 12:28

여호와는 긍휼이 많으시고 은혜로우시며 노하기를 더디 하시고 인자하심이 풍부
하시도다 자주 경책하지 아니하시며 노를 영원히 품지 아니하시리로다

_시 103:8~9

오늘 하루가 다 가기 전에
나 자신을 칭찬해 보는 시간을
가져 보는 것이 어떨까 싶습니다.

하나님은 항상 우리 죄를 경책하시는 분이 아닙니다.
하나님은 우리가 스스로를 칭찬도 하면서
넉넉하게 하나님을 만나는 마음도 원하십니다.

그대, 오늘 하루를 잘 살아내느라 수고 많이 하셨습니다.
꼭 잊지 말고 적어도 오늘 자신을 칭찬할
다섯 가지를 떠올려 보고
감사의 제사로 하루를 닫게 되기를!

히나님은 그대를 향한 관심을 쉬지 않으십니다.
자신을 칭찬할 줄 아는 그대, 축복합니다.

여호와께 바쳐진 것들을 멸시하는 태도를
하나님께서는 크게 꾸짖으십니다.

교회 물건이라서 내가 함부로 쓰는 것은 없는지.
교회 차라서 내가 함부로 사용하고 있지 않은지.
교회 휴지라서 함부로 쓰는 것은 없는지.
신앙생활은 꼭 영적인 것들에 대한 추구만이 아닙니다.

열심히 울면서 기도한 후
눈물, 콧물 닦은 휴지를
교회 아무 데나 버리고 온다면
그 영성은 과연 참된 것일까요?

하나님께 드려진 것들을
소중히 여기는 마음이 필요합니다.

'삶이 예배'가 된다는 것은
그대가 하나님께 드려진 바 된
모든 제사를 멸시하지 않고
귀하게 여기는 태도로 이어지는 것입니다.

너는 하나님의 집에 들어갈 때에 네 발을 삼갈지어다
가까이 하여 말씀을 듣는 것이 우매한 자들이 제물 드리는 것보다 나으니
그들은 악을 행하면서도 깨닫지 못함이니라
_전 5:1

그대의 수치도
그대의 자격지심도
그대의 약함도
그대의 두려움도

모든 것을 다 가려 줄 수 있는 분,
바로 그분은 예수 그리스도이십니다.

그분을 피난처로 삼을 수 있는 특권이
그대에게 있습니다.

하나님은 항상 그대의 모든 것에
최고의 배려를 생각하시는
최고의 선하신 목자이십니다.

여호와여 내가 주께 피하오니
내가 영원히 수치를 당하게 하지 마소서
_시 71:1

하나님께서 다스리시는 곳,
그곳이 바로 천국입니다.

그대의 마음에 하나님께서 거하신다면
그리고 그분이 그대 삶의 왕이 되신다면
그대는 '안전함'을 누릴 수가 있습니다.

이 땅 어느 곳도 '완벽하게 안전'한 곳은 없습니다.

그러나 여호와의 집이 최고로 안전한 곳이니
그대의 마음이 매일
여호와의 집에 거하는 날들이 되기를
축복합니다.

내가 평안히 눕고 자기도 하리니
나를 안전히 살게 하시는 이는 오직 여호와이시니이다
_시 4:8

변해야만 하는 것!
변화되고 싶은 것!

그대에게 있는 어떤 '상태'가
그대로 하여금 '변화'를 간구하게 만드나요?

그대가 변하기 원하는 것을
도와주실 수 있는 분이
하나님이라는 '믿음'은 소중합니다.

슬픔이 변하여 춤이 되게 해 주시는 하나님이십니다.

그대, 슬픈 일이 있나요?
그 슬픔이 변하여 춤이 될 수 있게 하신다는
하나님을 믿어야 합니다.

주께서 나의 슬픔이 변하여 내게 춤이 되게 하시며
나의 베옷을 벗기고 기쁨으로 띠 띠우셨나이다
_시 30:11

하나님은 언제 우실까요?
그대의 눈물이 하나님의 눈물과 비슷할까요?
하나님의 가난하고 어려운
그리고 아픈 이들을 향한 긍휼의 눈물이
그대의 눈물과 어울릴 수 있을까요?

그대의 눈물의 이유가 하나님의 눈물과 다르다 할지라도
하나님은 그대와 함께 울어 주십니다.

오늘도 하나님은 그대의 눈물을 보고 계십니다.

나의 유리함을 주께서 계수하셨사오니 나의 눈물을 주의 병에 담으소서
이것이 주의 책에 기록되지 아니하였나이까 내가 아뢰는 날에
내 원수들이 물러가리니 이것으로 하나님이 내 편이심을 내가 아나이다
_시 56:8~9

때로는 '겸손의 언어로 도금한 교만'들이
그대의 삶을 부끄럽게 합니다.

그 부끄러움을 이겨내고
수치심조차도 성숙의 징검다리로 만들어 주시는
우리 하나님을 바라보는 것이 신앙의 지혜입니다.

삶의 모습이 바닥을 친 것 같습니까?
솟아날 자리밖에 없으니 감사하죠?
겸손은 이렇게 얻어지는 것입니다.

부끄러움을 깨고 비상하는 그대를 칭찬합니다.

조각한 신상을 섬기며 허무한 것으로 자랑하는 자는
다 수치를 당할 것이라 너희 신들아 여호와께 경배할지어다
_시 97:7

그대 인생의 속도가
그대 마음대로 안 되는 것 같을 때

그대가 하나님을 바라보면서
그분께 그대의 시선을 집중할 수 있다면?

혹 그대가 치열한 죄와의 싸움에서
계속 패배하고 있다는 생각으로 힘이 들 때에도

그대를 사랑하시는 하나님의

그 시선에 집중할 수 있다면?

하나님은 그대에게

'가장 합당한 은혜'를

'가장 완전한 시간'에

베풀어 주십니다.

상전의 손을 바라보는 종들의 눈 같이, 여주인의 손을 바라보는 여종의 눈 같이
우리의 눈이 여호와 우리 하나님을 바라보며
우리에게 은혜 베풀어 주시기를 기다리나이다

_시 123:2

그대,
지치지 않기를!
용기 내기를!

그대의 '최고'보다
그대의 '최선'에 기뻐하고

그대를 만족해하는
하나님과의 따스한 교제가
오늘 그대와 함께하기를!

'임마누엘! 그대와 항상 함께하시는 하나님이
바로 그대의 하나님'이십니다.

너의 하나님 여호와가 너의 가운데에 계시니 그는 구원을 베푸실 전능자이시
라그가 너로 말미암아 기쁨을 이기지 못하시며 너를 잠잠히 사랑하시며 너로
말미암아즐거이 부르며 기뻐하시리라 하리라
_습 3:17

그러니까 감사!
그럴수록 감사!
그러면서 감사!
그럼에도 감사!

그러니까 힘내고!
그럴수록 힘내고!
그러면서 힘내고!
그럼에도 힘내고!

그러니까 기뻐하고!
그럴수록 기뻐하고!
그러면서 기뻐하고!
그럼에도 기뻐하고!

주 예수 그리스도의 재림에
오늘도 '만족한 준비'를 하고 있는 그대,
축복합니다.

주인이 혹 이경에나 혹 삼경에 이르러서도
종들이 그같이 하고 있는 것을 보면 그 종들은 복이 있으리로다
_눅 12:38

오늘 그대는 하나님과 어떻게 교제하고 있는지요?

오늘 하나님이 그대에게
기다리라고 하시는 말씀이 들리는지요?

오늘 하나님이 그대에게
달려가라고 하시는 말씀이 들리는지요?

오늘 하나님이 그대에게
승리를 허락하시는 말씀이 들리는지요?

오늘 하나님이 그대에게
실패를 허락하시는 말씀이 들리는지요?

믿는 자 된 그대의 삶은
'하나님으로부터 듣는 음성'이 중요합니다.

무엇을 허락하시든지
그 모든 것은 그대를 위함입니다.

너희는 너희의 하나님 여호와를 따르며 그를 경외하며 그의 명령을 지키며
그의 목소리를 청종하며 그를 섬기며 그를 의지하며
신 13:4

새 술은 새 부대에 담는 것이 삶의 지혜입니다.
어제까지 어떠한 모양으로 살아왔든
자신을 바라보던 눈이 어떠하였든

오늘은 그대에게
하나님이 또다시 새롭게 허락하신 최고의 날입니다.

그대를 사랑하는 하나님께 시선을 고정시키고
그대를 향하신 하나님의 보배로운 눈을 바라봄으로

하나님과
어제보다 더 깊은
사랑을 나누는 그대 되기를 축복합니다.

하나님이여 주의 생각이 내게 어찌 그리 보배로우신지요 그 수가
어찌 그리 많은지요
_시 139:17

우리는 그리스도인으로서의 삶을 살아가면서
'넘어짐'을 경험할 때가 있습니다.
하나님께서 삶의 넘어짐을 허락하시는 이유는
그대를 더 정결하게 하기 위함입니다.

그리고 더욱더 흠 없이 책망받을 것 없이
마지막 날 하나님 심판대 앞에
서게 하려는 것입니다.

오늘도 그대를 바로 세워 주기 위해
그대에게 삶의 넘어짐이 허락되었습니다.
그대의 더 정결한 삶을 위한 '넘어짐'을
축복합니다.

또 그들 중 지혜로운 자 몇 사람이 몰락하여 무리 중에서 연단을 받아
정결하게 되며 희게 되어 마지막 때까지 이르게 하리니
이는 아직 정한 기한이 남았음이라
_단 11:35

우리의 인생은
하나님께서 연출하신 드라마입니다.
그리고 모든 배우가 주인공입니다.

출연료는 '예수의 피'입니다.
'모든 배우상'은 예수 그리스도께 그 영광을 올리게 됩니다.

오늘도 그대는 하나님이 연출하신 드라마의 주인공입니다.

어떠한 배역을 맡게 되든 주어진 배역에
최선을 다하는 그대,
아름답습니다.

한마음과 한 입으로 하나님 곧 우리 주 예수 그리스도의 아버지께
영광을 돌리게 하려 하노라

_롬 15:6

마음을 제어하지 않는 자
마치 성벽이 없는 것 같다고 했습니다.

그대가 뚜껑을 덮어 두지 않으면
그대 마음에 고스란히 쌓일 수 있는 더러운 것들!
비판 의식, 비교 의식, 질투, 짜증, 분노, 섭섭함 등
여러 가지가 있을 수 있겠지요?

오늘,
그대 마음의 뚜껑은 잘 덮어져 있는지요?

그 뚜껑이 무엇보다
하나님의 은혜와 진리, 사랑과 교훈이라면
더욱더 금상첨화가 아닐까 합니다.

자기의 마음을 제어하지 아니하는 자는
성읍이 무너지고 성벽이 없는 것과 같으니라
잠 25:28

그대는 어떤 리더인가요?
그대의 리더십이 어떠하든지 간에
하나님이 그대를 품으신다는 것이 은혜입니다.

훌륭한 리더가 되는 것은
때때로 피곤하고 지치는 일일 수 있습니다.

"수고하고 무거운 짐 진 자들아 다 내게로 오라" 했으니
우리를 가장 '완전하게 품으시고 이해해 주시는 리더,
예수 그리스도'를 오늘도 따라가는 그대, 축복합니다.

수고하고 무거운 짐 진 자들아 다 내게로 오라 내가 너희를 쉬게 하리라
_마 11:28

그대, 언제 하나님 앞에 앉아서
잠 잠 히   그 분 의 '임 재 하 심'에
기뻐하고 행복해했는지요?

하 나 님 과   함 께 하 는   자 리 는
그 어느 자리와도 비교할 수 없는
아름답고 소중하고 행복한 자리입니다.

사람이 자기의 친구와 이야기함 같이 여호와께서는
모세와 대면하여 말씀하시며 모세는 진으로 돌아오나
눈의 아들 젊은 수종자 여호수아는 회막을 떠나지 아니하니라
_출 33:11

하나님의 인도하심에 대한 확신이 있을지라도
가슴 밑바닥에 두려움과 불안,
걱정이 있을 수 있습니다.

그럴 때 그대에게 말씀하셨던 하나님께서 주신
약속의 음성을 다시 한 번 기억해 보는 것은
그대의 마음을 견고하게 하는 데 큰 도움이 됩니다.

하나님께서 무엇이라고 말씀하셨나요?

하나님은 당신께서 하신 약속을 지키십니다.
이 땅은 그대를 배반하고 실망시키고
좌절하게 할지라도

하나님의 약속의 말씀은 변치 않습니다.

하나님은 약속을 기업으로 받는 자들에게 그 뜻이 변하지 아니함을
충분히 나타내시려고 그 일을 맹세로 보증하셨나니

_ 히 6:17

맡기신 일에 대한 능력은
그대를 선택한 하나님께서 넉넉히 주십니다.

부름 받은 사람에게는
자신의 능력에 대한 판단보다는
불러 주셨음에 대한 감사와 감격,
기쁨이 있어야 합니다.

그 모습이 훨씬 더 '합당한 태도'입니다.

하나님이 불러 주신 그대!
하나님은 그대를 그 자리에 선택하셨고
그리고 그 선택은
하 나 님 최 고 의   선 택 이 십 니 다 !

하나님의 은사와 부르심에는 후회하심이 없느니라
_롬 11:29